Lisa Jannek

Feste Maschen
wie noch nie

Frech-Verlag Stuttgart

Fotos:
Otto-Georg Jannek und Frech-Verlag

Auflage: 6. 5. 4. 3. | Letzte Zahlen maßgebend
Jahr: 1996 95 94 93

ISBN 3-7724-1518-0 · Best.-Nr. 1518
GmbH + Co. Druck KG Stuttgart · Druck: Frech, Stuttgart

Mit diesen niedlichen Geschenkideen möchte ich Sie zum Nachhäkeln anregen. Dieses Buch will Ihnen zeigen, daß man bei der Technik „Häkeln" nicht nur an Topflappen und Taschentuchspitzen denken muß.

Der liebevoll gestaltete Schornsteinfeger ist nicht nur ein originelles Mitbringsel zu einer Silvesterparty, er kann das ganze Jahr hindurch zu Geburtstag und Jubiläen Glück bringen.

Die putzigen Figuren sind vielleicht auch Hobbyideen für einen Wohltätigkeitsbasar. Sie sind leicht nachzuarbeiten und können ohne größeren Zeitaufwand in größerer Anzahl hergestellt werden. Denn das Häkelvergnügen kommt bei der Arbeit an diesen kleinen Figuren von ganz allein.

Auch für Häkelprofis sind Anreize für kreatives Häkeln dabei.

Ich hoffe, Ihnen bereiten meine Figuren Freude. Viel Spaß beim Gestalten.

Ihre Lisa Jannek

Anregungen zur Gestaltung

Für jede Figur habe ich glatte, mittelstarke, 100 Prozent synthetische Strickwolle (ohne Flausch) verarbeitet. Es wurden bewußt kräftige, leuchtende Farben gewählt, da so die Figuren besonders gut zur Geltung kommen.
Alle Figuren wurden mit Häkelnadelstärke Nr. 3,5 gearbeitet. Sollten Sie sehr locker und weich häkeln oder aber extrem feste Maschen bilden, arbeiten Sie bitte alle Figuren mit doppeltem Faden, bei gleicher Nadelstärke. Das Maschenbild wirkt dann geschlossener, gleichmäßiger und sehr füllig. Die Figur läßt sich auch praller ausstopfen, ohne daß das Füllmaterial durch die Figur scheint. Häkelprofis arbeiten mit einfachem Faden.
Es ist auch wichtig, daß die Figuren und deren Teile schon unausgestopft genügend Formbeständigkeit haben. Das gibt die Garantie, daß sie lange hübsch aussehen werden.
Zum Ausstopfen sollte synthetisches Hobbyfill verwendet werden, nicht einfach nur Watte.
Ich möchte Sie noch bitten, Glasaugen und Knöpfchen besonders stark zu befestigen, wenn Ihr Geschenk für ein Kleinkind gedacht ist.

Die Drollies

Material
Wolle (grün, blau, rot, gelb, schwarz)
Filz (schwarz, weiß, rot, gelb)
Holzperlen (rot, schwarz, gelb)
Pfeifenputzer (rot, schwarz, gelb)
Klebstoff, Schere, Nadeln

Die Figuren werden von unten beginnend in Runden gehäkelt. Wichtig: Jede Runde beginnt mit einer Luftmasche und endet mit einer Kettmasche.
25 Luftmaschen häkeln, in die erste, die unterste Masche einstechen und mit einer Kettmasche zur Runde schließen. Nun 20 Runden feste Maschen häkeln. Den Schlußfaden lang hängen lassen.
Um das Köpfchen zu schließen, die obere Öffnung platt aufeinanderdrücken und mit dem langen Schlußfaden zunähen. Mit der Häkelwolle zwei Ohren abbinden.
Nun kann die obere Hälfte der Figur ausgestopft werden. Einen langen Pfeifenputzer in der Mitte knicken und als Ärmchen durch die Figur stecken. Die doppelten Enden mehrmals miteinander verdrehen und auf passende Länge kürzen.
Die untere Hälfte ausstopfen. Einen Wollfaden mit Hilfe einer dicken Sticknadel ohne Spitze im Vorstich durch die unterste Reihe einziehen, die Öffnung fest zusammenziehen und mit zwei Schlingstichen vernähen. Ein kleines Kugelknöpfchen in leuchtender Kontrastfarbe als Nase annähen. Augen und Mund aus Bastelfilz ausschneiden und aufkleben. Wolle in leuchtender Kontrastfarbe zum Haarbüschelchen wickeln. Mit zwei festen Schlingstichen die Wollfäden fest zusammenziehen, die Schlaufen aufschneiden und die Haare etwas kürzen. Nun am Kopf annähen.

Schneemänner

Material
Wolle (schwarz, weiß)
Pfeifenreiniger (weiß)
Filz (orange, schwarz)
Schaschlikspieße
Bast (hell- und dunkelbraun)
Klebstoff, Schere, Nadeln

Man häkelt feste Maschen in Runden. Jede neue Runde beginnt mit einer Luftmasche und endet mit einer Kettmasche.
Beginnen Sie mit dem Körper. Unten anfangen und zum Kopf hinarbeiten. 25 Luftmaschen häkeln, in die erste, die unterste Masche einstechen und mit einer Kettmasche zur Runde schließen. Eine Luftmasche arbeiten und nun 18 Runden feste Maschen häkeln.
19. Runde: Drei feste Maschen häkeln, die vierte Masche überspringen (leer lassen) usw., eine Runde lang.
20. Runde: Zwei Maschen häkeln, die dritte Masche überspringen usw., eine Runde lang. Von nun an wird ständig eine Masche übersprungen. Man sticht also immer in die zweite Masche ein, bis nur noch eine ganz kleine Öffnung da ist. Nun sticht man gegenüber dem Häkelfaden ein und zieht die Öffnung mit einer oder zwei Kettmaschen zu – das Köpfchen ist geschlossen. Der Schlußfaden wird mit Hilfe der Häkelnadel ins Körperinnere gezogen.
Für den Hut drei Luftmaschen häkeln. In die erste Masche einstechen und mit einer Kettmasche zur Runde schließen. Eine Luftmasche arbeiten und sieben feste Maschen in die Runde hineinhäkeln. Mit einer Kettmasche schließen.
2. Runde: Jede Masche verdoppeln, also zwei Maschen in eine Einstichstelle hineinhäkeln = 14 Maschen.
3. Runde: In jede Masche der Vorrunde wird eine Masche gehäkelt. Es wird jedoch nur in das hintere Maschenglied gestochen. So bildet sich die obere Hutkante.
4., 5. und 6. Runde: Es wird gehäkelt, wie die Maschen erscheinen.
7. Runde, die Hutkrempe: In jede Masche der Vorrunde werden zwei feste Maschen hineingehäkelt.
Um die Figur fertigzustellen, wird die obere Hälfte ausgestopft. Einen weißen Pfeifenreiniger in der Mitte knicken und als Ärmchen durch die Figur stecken. Die doppelten Enden mehrmals miteinander verdrehen und auf passende Länge kürzen.
Nun die untere Hälfte ausstopfen und die untere Öffnung zuhäkeln. Dazu eine Runde feste Maschen entlang der Außenkante anhäkeln, dann immer eine Masche überspringen, bis die Figur geschlossen ist.
Mit einem weißen Wollfaden wird direkt über den Ärmchen der Kopf abgebunden. Der Hut wird ausgestopft und mit Wolle schrägsitzend angenäht.
Aus schwarzem Bastelfilz fünf gleichgroße Punkte ausschneiden und als Augen und Knöpfe mit Klebstoff aufkleben.
Aus orangefarbenem File eine „Mohrrübe“ ausschneiden und als Nase aufkleben. Einen Schaschlikspieß auf Schneemanngröße kürzen, etwas Seidenbast drumherumbinden und festkleben.

Schornsteinfeger

Material
Wolle (schwarz, rosa)
Pfeifenreiniger (schwarz)
Filz (weiß, blau, rot)
Schaschlikspieße
Deckfarbe (schwarz)
Klebstoff, Schere, Nadeln

Man häkelt feste Maschen in Runden. Jede neue Runde beginnt mit einer Luftmasche und endet mit einer Kettmasche.
Mit dem Körper unten beginnen und zum Kopf hinarbeiten. Mit schwarzer Wolle 25 Luftmaschen arbeiten, in die erste, die unterste Masche einstechen und mit einer Kettmasche zur Runde schließen. Eine Luftmasche häkeln und nun zehn Runden feste Maschen in Schwarz und acht Runden in Rosa arbeiten.
19. Runde: Drei feste Maschen häkeln, die vierte Masche überspringen (leer lassen) usw., eine Runde lang.
20. Runde: Zwei Maschen häkeln, die dritte überspringen usw., eine Runde lang.
Von nun an wird ständig eine Masche übersprungen. Man sticht also immer in die zweite Masche ein, bis nur noch eine ganz kleine Öffnung da ist.
Nun sticht man gegenüber dem Häkelfaden ein und zieht die Öffnung mit einer oder zwei Kettmaschen zu. Der Kopf ist nun geschlossen. Der Schlußfaden wird mit Hilfe der Häkelnadel ins Körperinnere gezogen.
Für den Hut drei Luftmaschen zum Ring schließen, eine Luftmasche häkeln und sieben feste Maschen in die Runde hineinhäkeln.
2. Runde: Jede Masche verdoppeln, also zwei Maschen in eine Einstichstelle hineinhäkeln = 14 Maschen.
3. Runde: Zwei Maschen häkeln, die dritte verdoppeln usw.
4. Runde: In jede Masche der Vorrunde wird eine Masche gehäkelt. Jedoch nur in das hintere Maschenglied stechen. So bildet sich die obere Hutkante.
Nun noch fünf Runden häkeln, wie die Maschen erscheinen. In der 10. Runde für die Hutkrempe jede Masche verdoppeln.
11. Runde: Zwei Maschen häkeln, die dritte Masche verdoppeln usw.
Die obere Hälfte der Figur ausstopfen. Einen schwarzen Pfeifenputzer in der Mitte knicken und als Ärmchen durch die Figur stecken. Die doppelten Enden mehrmals miteinander verdrehen und auf passende Länge kürzen. Nun die untere Hälfte ausstopfen und die untere Öffnung zuhäkeln. Dafür eine Runde feste Maschen entlang der Außenkante anhäkeln, dann immer eine Masche überspringen, bis die Figur geschlossen ist.
Mit einem schwarzen Wollfaden direkt über den Ärmchen den Kopf abbinden. Der Hut wird ausgestopft und mit Wolle schrägsitzend angenäht. Mit angefeuchteten Fingerspitzen werden die Seiten der Hutkrempe nach oben gerollt, vorn und hinten extrem nach unten gedrückt.
Aus Bastelfilz Augen und Mund ausschneiden und ankleben.
Aus drei Schaschlikspießen wird eine Leiter gebastelt, mit Deckfarbe angemalt und an die Figur geklebt.

Peppo und Augustino

Material
Wolle in verschiedenen Farben
Pfeifenputzer
Filz (weiß, schwarz, rot)
Filzstift (schwarz)
Holzperlen (rot)
Klebstoff, Schere, Nadeln

Die Figur wird von unten beginnend zum Kopf hin gearbeitet. Es werden feste Maschen in Runden gehäkelt. Jede neue Runde beginnt mit einer Luftmasche und endet mit einer Kettmasche.
Für den Körper 25 Luftmaschen häkeln. In die erste, die unterste Masche einstechen und mit einer Kettmasche zur Runde schließen. Eine Luftmasche häkeln und zwei Runden feste Maschen arbeiten. Nun sollte in eine Kontrastfarbe gewechselt werden. Bauchhöhe insgesamt = 10 Runden. Als Beispiel: Zwei Runden Rot – zwei Weiß – zwei Rot – zwei Weiß – zwei Rot = 10 Runden. Nun acht Runden Rosa häkeln (Köpfchen).
19. Runde: Drei feste Maschen häkeln, die vierte Masche überspringen (leer lassen) usw., eine Runde lang.
20. Runde: Zwei Maschen häkeln, die dritte Masche überspringen usw., eine Runde lang.
Von nun an wird ständig eine Masche übersprungen. Man sticht also immer in die zweite Masche ein, bis nur noch eine ganz kleine Öffnung da ist. Nun sticht man gegenüber dem Häkelfaden ein und zieht die Kopföffnung mit einer oder zwei Kettmaschen zu. Der Schlußfaden wird mit Hilfe der Häkelnadel ins Körperinnere gezogen.
Für den Hut drei Luftmaschen mit einer Kettmasche zum Ring schließen. Eine Luftmasche häkeln und fünf feste Maschen in die Mitte hineinhäkeln. Mit einer Kettmasche schließen.
2. Runde: Eine Masche häkeln, die nächste verdoppelt, d. h. zwei feste Maschen in die gleiche Einstichstelle hineinhäkeln usw., eine Runde lang.
3. Runde: Häkeln, wie die Maschen erscheinen.
4. Runde, Hutkrempe: Jede Masche verdoppeln.
Die obere Hälfte der Figur ausstopfen. Einen Pfeifenputzer in passender Farbe in der Mitte knicken und als Ärmchen durch die Figur stecken. Die doppelten Enden mehrmals miteinander verdrehen und auf passende Länge kürzen.
Nun die untere Hälfte ausstopfen und die untere Öffnung zuhäkeln. Dafür eine Runde feste Maschen entlang der Außenkante anhäkeln, dann immer eine Masche überspringen, bis die Figur geschlossen ist.
Mit einem Wollfaden wird direkt über den Armen der Kopf abgebunden. Der Hut wird leicht ausgestopft und mit Wolle schrägsitzend angenäht. Ein kleiner, feuerroter Kugelknopf dient als Knollennase.
Aus Bastelfilz werden Augen- und Mundteile ausgeschnitten und aufgeklebt. Die Umrisse der weißen Augenteile mit einem schwarzen Filzstift nachziehen. Kleben Sie drei gleich große Filzpunkte als Knöpfe auf. Mit Hilfe der Häkelnadel werden leuchtend rote Wollfäden rundherum als Haare eingeknüpft.

Dickmamsellchen

Material
Wolle (rot, grün, blau, rosa, grau, braun)
Filz (weiß, blau, rot, orange, gelb)
Pfeifenputzer (rot, orange, gelb)
Klebstoff, Schere, Nadeln

Es wird von unten beginnend zum Kopf hin gearbeitet. Man häkelt feste Maschen in Runden. Jede neue Runde beginnt mit einer Luftmasche und endet mit einer Kettmasche.
In Körperfarbe 25 Luftmaschen arbeiten, in die erste, die unterste Masche einstechen und mit einer Kettmasche zur Runde schließen. Eine Luftmasche häkeln und nun zehn Runden feste Maschen in Körperfarbe und acht Runden in Rosa häkeln.
Zwei Maschen häkeln, die dritte Masche überspringen (leer lassen) usw., drei Runden lang. Dann immer in die zweite Masche einstechen, bis nur noch eine kleine Öffnung da ist. Nun sticht man gegenüber dem Häkelfaden ein und zieht die Kopföffnung mit einer oder zwei Kettmaschen zu. Der Schlußfaden wird mit Hilfe der Häkelnadel ins Körperinnere gezogen.
Die obere Hälfte der Figur ausstopfen. Einen Pfeifenputzer in Körperfarbe in der Mitte knicken und als Ärmchen durch die Figur stecken. Die doppelten Enden mehrmals verdrehen und auf passende Länge kürzen.
Nun die untere Hälfte ausstopfen und die untere Öffnung zuhäkeln. Eine Runde feste Maschen entlang der Außenkante anhäkeln, dann immer eine Masche überspringen, bis die Figur geschlossen ist.
Mit doppeltem Faden direkt über den Armen den Kopf abbinden.
Aus Bastelfilz Augen und Mund ausschneiden und mit Klebstoff aufkleben.
Für die Haare einige 10 cm lange Wollfäden in der Mitte mit zwei festen Schlingstichen bündeln. Alle Fadenenden zum Gesicht hin legen und das Haarbüschel am Kopf annähen. Haare auf passende Länge kürzen.
Ein Kopftuch aus Filz ausschneiden, umbinden und den großen Zipfel am Hinterkopf vorsichtig festkleben. Der Klebstoff darf nicht durchnässen.
Wer will kann den Damen noch Einkaufskörbe etc. in die Arme hängen.

Die Knöllchen

Material
Wolle in leuchtenden Farben
Wollrest (schwarz)
Filz (schwarz, weiß)
Pfeifenputzer (schwarz)
Klebstoff, Schere, Nadeln

Die Figuren können bereits von Kindern gebastelt werden. Sie bestehen aus einem kleinen, aus festen Maschen gehäkelten Rohr, das einfach oben und unten mit einem Wollfaden zugezogen wird. Das Ausgestalten macht ganz besonderen Spaß.
20 Luftmaschen häkeln. Nun in die erste, die unterste Luftmasche einstechen und eine feste Masche hineinhäkeln. Die 20 Luftmaschen sind nun zu einer Runde zusammengehäkelt.
Nun wird in jede Luftmasche eine feste Masche hineingehäkelt. Ist die erste Runde geschafft, wird einfach weitergehäkelt, ohne darauf zu achten, daß eine neue Runde beginnt. Es entsteht ein Rohr, das immer länger wird. Bald sind die einzelnen Runden erkennbar. Nach 12 Runden ist die eigentliche Häkelarbeit fertig. Der Wollfaden wird abgeschnitten.
Jetzt kann das Rohr zu einem „Knöllchen" gestaltet werden. In eine dicke Sticknadel ohne Spitze einen langen Wollfaden einfädeln. Das untere Ende des Fadens verknoten. Mit kleinen Rein-Raus-Stichen (Vorstich) wird der Faden in die obere Kante eingezogen. Die Öffnung fest zuziehen und den Faden vernähen. Die obere Hälfte der Figur wird jetzt prall mit Watte gefüllt.
Nun den Pfeifenreiniger als Ärmchen durch die Figur stecken und auf die passende Länge zurechtschneiden.
Die untere Hälfte der Figur wird anschließend ausgestopft und auch mit einem eingezogenen Wollfaden zugezogen. Augen, Mund und Schuhe aus Filz ausschneiden und an die Figur ankleben.
Zum Schluß für die Frisur Wolle über drei Finger wickeln. Mit zwei festen Schlingstichen die Wollfäden an einer Schlaufenseite fest zusammenziehen. Die andere Schlaufenseite aufschneiden und die Haare auf eine hübsche Länge kürzen. Nach dem Annähen am Kopf hat das Knöllchen eine Superfrisur.

Alpha, Gamma und Omikron

Material
Wolle (grün, rot, blau, gelb)
Filz (weiß, schwarz, gelb)
Pfeifenputzer (gelb)
Klebstoff, Schere, Nadeln

Die Figur wird unten beginnend zum Kopf hin gearbeitet. Man häkelt feste Maschen in Runden. Jede neue Runde beginnt mit einer Luftmasche und endet mit einer Kettmasche.
Für den Körper 20 Luftmaschen häkeln, in die erste, die unterste Masche einstechen und mit einer Kettmasche zur Runde schließen. Nun sechs Runden feste Maschen häkeln.
7. Runde, Zunehmen für den Kopf: Zwei Maschen häkeln, die dritte Masche verdoppeln usw. 8. Runde: Drei Maschen häkeln, die 4. verdoppeln usw. 9. und 10. Runde: Häkeln, wie die Maschen erscheinen. 11. Runde: Vier Maschen häkeln, die fünfte überspringen (leer lassen) usw. 12. Runde: Häkeln, wie die Maschen erscheinen. 13. Runde: Vier Maschen häkeln, die fünfte überspringen usw. 14. Runde: Häkeln, wie die Maschen erscheinen. 15. Runde: Vier Maschen häkeln, die fünfte überspringen usw. 16. Runde: Häkeln, wie die Maschen erscheinen. 17. Runde: Drei Maschen häkeln, die vierte überspringen usw. 18. Runde: Zwei Maschen häkeln, die dritte überspringen usw. 19. Runde: Immer in die zweite Masche einstechen, bis die Figur geschlossen ist. Die kleine Schlußöffnung wird mit zwei Kettmaschen zugezogen.
Für die Knollennase drei Luftmaschen häkeln, mit einer Kettmasche zur Runde schließen. Eine Luftmasche häkeln und sechs feste Maschen in die Mitte hineinhäkeln. 2. Runde: Jede Masche verdoppeln = 12 Maschen. 3. Runde: Häkeln, wie die Maschen erscheinen. Den Schlußfaden lang hängen lassen.
Das i-Tüpfelchen dieser Figur, die drei „Antennen", müssen als erstes befestigt werden. Einen langen Wollfaden in Kontrastfarbe in eine dicke Sticknadel ohne Spitze einfädeln, das Fadenende doppelt legen. Mit diesem doppelten Ende einen Knoten bilden. Die Schlaufe aufschneiden und die drei Fadenenden etwa zwei Zentimeter lang stehenlassen (abschneiden). Diese drei Schlußfädchen mit Klebstoff gut durchtränken (Zeitung unterlegen) und in der Hand haltend trocknen lassen. Nun die Sticknadel in die Figur ziehen und den Faden im Inneren vernähen.
Die obere Hälfte der Figur prall ausstopfen. Einen Pfeifenputzer in der Mitte knicken, mit dem Knick voran in der 6. Runde (von unten) als Ärmchen durch die Figur stekken. Die Enden mehrmals miteinander verdrehen und auf passende Länge schneiden.
Die untere Hälfte ausstopfen und zuhäkeln. Dafür eine Runde feste Maschen entlang der Außenkante anhäkeln, dann immer eine Masche überspringen, bis die Figur geschlossen ist. Die kleine Schlußöffnung wird mit zwei Kettmaschen zugezogen. Mit einem Faden der Häkelwolle direkt über den Ärmchen den Kopf abbinden.
Die Knollennase leicht ausstopfen. Den langen Schlußfaden mit Vorstich entlang der Außenkante einziehen, die Öffnung auf die Hälfte zusammenziehen und die Nase an die Figur annähen.
Aus Filz die Augenteile ausschneiden und aufkleben. Der Mund besteht aus einem Filzstreifen, der im Bogen aufgeklebt wird.

Die Steinfresser

Material
Wolle (grün, blau, rot)
Filz (schwarz, weiß)
Klebstoff, Schere, Nadeln

Es werden feste Maschen in Runden gehäkelt. Jede neue Runde beginnt mit einer Luftmasche und endet mit einer Kettmasche.
Am Kopf beginnen: Drei Luftmaschen häkeln, in die erste, die unterste Masche einstechen und mit einer Kettmasche zum Ring schließen. Eine Luftmasche häkeln, sieben feste Maschen in die Mitte hineinhäkeln, mit einer Kettmasche schließen.
2. Runde: Jede Masche verdoppeln = 14 Maschen. 3. Runde: Zwei Maschen häkeln, die dritte Masche verdoppeln usw.
4. Runde: Drei Maschen häkeln, die vierte Masche verdoppeln usw. Nun sieben Runden häkeln, wie die Maschen erscheinen.
12., 13. und 14. Runde: Drei Maschen häkeln, die vierte Masche verdoppeln usw. 15., 16. und 17. Runde: Die Maschen häkeln, wie sie erscheinen.
18., 19. und 20. Runde: Drei Maschen häkeln, die vierte Masche überspringen (leer lassen) usw. 21. und 22. Runde: Zwei Maschen häkeln, die dritte überspringen usw.
Die Figur prall ausstopfen und dann immer in die zweite Masche einstechen, bis die Figur geschlossen ist. Der Schlußfaden wird mit Hilfe der Häkelnadel ins Körperinnere gezogen.
Den Schnabel in leuchtender Kontrastfarbe arbeiten: Drei Luftmaschen zum Ring schließen und sieben feste Maschen in die Mitte hineinhäkeln.
2. Runde: Jede Masche verdoppeln. 3. Runde: Häkeln, wie die Maschen erscheinen.
4. Runde: Zwei Maschen häkeln, die dritte Masche überspringen usw. 5. und 6. Runde: Häkeln, wie die Maschen erscheinen.
Den Schnabel flachdrücken und unausgestopft an die Figur nähen. Augen aus Filz ausschneiden und aufkleben.

Familie Plattfuß

Material
Wolle (rot, blau, gelb, braun, grün)
Filz (rot, weiß, schwarz)
Pfeifenputzer (rot, gelb, braun)
Klebstoff, Schere, Nadeln

Es werden feste Maschen in Runden gehäkelt. Jede neue Runde beginnt mit einer Luftmasche und endet mit einer Kettmasche.
Am Kopf beginnen und bis Runde 22 gleich verfahren wie bei den „Steinfressern".
Die obere Hälfte der Figur ausstopfen. Einen langen Pfeifenputzer, der farblich gut zu den Plattfüßen passen soll, in der Mitte knicken und als Ärmchen durch die Figur stecken. Die doppelten Enden mehrmals verdrehen und auf passende Länge kürzen.
Die untere Hälfte ausstopfen und zuhäkeln: Immer in die zweite Masche einstechen, bis die Figur geschlossen ist.

Den Plattfuß in leuchtender Kontrastfarbe arbeiten. Drei Luftmaschen zum Ring schließen. Sechs feste Maschen in die Mitte hineinhäkeln.
2. Runde: Jede Masche verdoppeln = 12 Maschen. 3. Runde: Eine Masche häkeln, die zweite verdoppeln usw. 4. und 5. Runde: Häkeln, wie die Maschen erscheinen.
6. Runde: Zwei Maschen häkeln, die dritte überspringen usw.
Die Füße plattdrücken und unausgestopft an die Figur nähen. Augenteile und einen sehr kleinen Mund aus Filz ausschneiden und aufkleben.

Wurmeli

Material
Wolle in verschiedenen Farben
Filz (weiß, schwarz, rot)
Klebstoff, Schere, Nadeln

Man häkelt feste Maschen in Runden. Jede neue Runde beginnt mit einer Luftmasche und endet mit einer Kettmasche.
Am Kopf beginnen. Wichtig: Der Wurmeli wird schon während des Arbeitens ständig schrittweise ausgestopft.
Drei Luftmaschen häkeln. In die erste, die unterste Masche einstechen und mit einer Kettmasche zum Ring schließen. Eine Luftmasche häkeln, sieben feste Maschen in die Mitte hineinhäkeln, mit einer Kettmasche schließen.
2. Runde: Jede Masche verdoppeln = 14 Maschen. 3. Runde: Eine feste Masche häkeln, die zweite Masche verdoppeln usw. Nun noch 15 Runden für den Kopf häkeln. Beim Häkeln der Kettmaschen wird die Wolle gewechselt: Man sticht in die erste Masche der Runde ein, nimmt eine neue Farbe auf die Hand und zieht die Kettmasche zu.
Nach je fünf Runden die Farbe wechseln oder zwei Runden dunkel, fünf Runden leuchtend im Wechsel häkeln. Die Länge der Figur richtet sich nach Lust und Ausdauer an dieser Arbeit.
Das Figurende wird wieder in Kopffarbe gehäkelt, um einen harmonischen Abschluß zu haben. Acht Runden in Kopffarbe arbeiten, dann zuhäkeln: Zwei Maschen häkeln, die dritte Masche überspringen (leerlassen) usw., bis die Figur geschlossen ist.
Für die lange Nase drei Luftmaschen zum Ring schließen, sieben feste Maschen in die Mitte hineinhäkeln, Kettmasche. 2. Runde: Jede Masche verdoppeln = 14 Maschen. Nun sieben weitere Runden häkeln. Die kleine Nase wird gleich begonnen wie oben, statt sieben Runden jedoch nur zwei arbeiten.
Nase ausstopfen, mit Wolle annähen. Augen und Mund aus Filz ausschneiden und aufkleben.

Freddy, Ferdy und Franzi

Material
Wolle (weiß, rosa, grau)
Filz (rosa, schwarz, weiß)
Klebstoff, Schere, Nadeln

Der Körper wird am Kopf beginnend in einem Stück gearbeitet. Alle anderen Körperteile werden getrennt gehäkelt und später angenäht. Man häkelt feste Maschen in Runden. Jede neue Runde beginnt mit einer Luftmasche und endet mit einer Kettmasche.
Für den Körper drei Luftmaschen häkeln, in die erste, die unterste Masche einstechen und mit einer Kettmasche zum Ring schließen. Eine Luftmasche häkeln, sieben feste Maschen in die Mitte hineinhäkeln, mit einer Kettmasche schließen.
2. Runde: Jede Masche verdoppeln = 14 Maschen. 3. Runde: Eine Masche häkeln, die zweite verdoppeln usw. = 21 Maschen. 4. Runde: Zwei Maschen häkeln, die dritte verdoppeln usw. = 28 Maschen. Die 5. bis 24. Runde über diese 28 Maschen häkeln.
Die Figur prall ausstopfen. Unten zuhäkeln: Zwei Maschen häkeln, die dritte Masche überspringen (leerlassen). Ist die Öffnung nur noch sehr klein, gegenüber dem Häkelfaden einstechen und mit einer oder zwei Kettmaschen zuziehen.
Für die Arme drei Luftmaschen zum Ring schließen und sieben feste Maschen in die Mitte hineinhäkeln. 2. Runde: Jede Masche verdoppeln = 14 Maschen. Nun acht Runden häkeln, wie die Maschen erscheinen.
Für die Beine gleich beginnen wie beim Ärmchen beschrieben. Statt acht Runden jedoch nur fünf Runden häkeln.
Auch beim Schnäuzchen Runde 1 und 2 vom Ärmchen wiederholen. Nun noch eine Runde häkeln, wie die Maschen erscheinen.
Das Ohr in Hin- und Rückreihen arbeiten. Am Ende jeder Reihe eine Luftmasche zum Wenden arbeiten. Zwei Luftmaschen häkeln, in die erste Masche drei feste Maschen hineinhäkeln, eine Luftmasche häkeln.
2. Reihe: Jede Masche verdoppeln = sechs Maschen. 3. und 4. Reihe: Eine Masche häkeln, die zweite Masche verdoppeln usw. Das Teil für eine Maus viermal arbeiten: zweimal in Weiß, in Grau oder Rosa.
Mit einem doppelten Wollfaden das Köpfchen abbinden. Arme, Beine und Schnäuzchen ausstopfen und mit Wolle an die Figur annähen.
Die Ohrenteile entlang der Außenkante aufeinandernähen und in leichtem Bogen am Kopf annähen.
Aus Bastelfilz Augenteile ausschneiden und das Schnäuzchen berührend aufkleben.
Mit rosa Wolle einen Punkt als Mäulchen aufsticken. Drei Schnurrhaare einziehen. Eine kurze Kordel als Schwanz drehen. Den Knoten der Kordel mit Hilfe der Scherenspitze zwischen zwei Maschen in den Körper drücken.

Teddybären

Material
Wolle (blau, weiß, schwarz)
Glasaugen
Schere, Nadeln

Kopf und Körper werden in einem Stück gearbeitet. Man häkelt feste Maschen in Runden. Jede neue Runde beginnt mit einer Luftmasche und endet mit einer Kettmasche. Ohren, Schnauze, Arme und Beine werden getrennt gearbeitet und später angenäht.
Für den Kopf drei Luftmaschen häkeln, in die erste, die unterste Masche einstechen und mit einer Kettmasche zum Ring schließen. Eine Luftmasche häkeln, sieben feste Maschen in die Mitte hineinhäkeln, mit einer Kettmasche schließen.
2. Runde: Jede Masche verdoppeln = 14 Maschen. 3. Runde: Eine Masche häkeln, die zweite verdoppeln usw. 4. Runde: Zwei Maschen häkeln, die dritte verdoppeln usw. 5. Runde: Drei Maschen häkeln, die vierte verdoppeln usw. Dann 26 Runden häkeln, wie die Maschen erscheinen. 27. Runde, Zuhäkeln: Drei Maschen häkeln, die vierte Masche überspringen (leerlassen) usw.
Nun den Körper ausstopfen. Dann immer in die zweite Masche stechen, bis die Figur geschlossen ist.
Die Schnauze wird in der 1. und 2. Runde wie beim Kopf beschrieben gearbeitet. 3. Runde: Zwei Maschen häkeln, die dritte verdoppeln. Dann noch drei Runden häkeln, wie die Maschen erscheinen.
1. und 2. Runde der Arme und Beine siehe „Kopf“. Dann noch neun Runden über die 14 Maschen häkeln.
Zwei Luftmaschen für das Ohr häkeln. In die erste Luftmasche fünf feste Maschen hineinhäkeln. Mit einer Luftmasche die Arbeit wenden, nun jede Masche verdoppeln = 10 Maschen.
Schnauze ausstopfen und mit Wolle annähen. Arme und Beine füllen und annähen. Die Ohren in leichtem Bogen befestigen. Mit schwarzer Wolle Nase und Mäulchen aufsticken. Gekaufte Glasäuglein annähen. Wer will kann eine dünne Wollkordel drehen und sie dem Teddy als Schleife umbinden.

Die Sleepies

Material
Wolle (weiß, rosa, hellblau, rot)
Sticktwist (schwarz)
Klebstoff, Schere, Nadeln

Köpfchen und Körperform werden in einem Stück gearbeitet. Man beginnt am Kopf und häkelt feste Maschen in Runden. Jede Runde beginnt mit einer Luftmasche und endet mit einer Kettmasche. Ärmchen und Mütze werden getrennt gehäkelt und später angenäht.

Mit rosa Wolle für den Kopf drei Luftmaschen häkeln, in die erste, die unterste Masche einstechen und mit einer Kettmasche schließen. Eine Luftmasche häkeln, sieben feste Maschen in die Mitte hineinhäkeln.

2. Runde: Jede Masche verdoppeln = 14 Maschen. 3. Runde: Eine Masche häkeln, die zweite Masche verdoppeln usw. 4. bis 8. Runde: Häkeln, wie die Maschen erscheinen. 9. und 10. Runde: Verengen zum Hals. Zwei Maschen häkeln, die dritte überspringen (leerlassen).

Mit Weiß weiterarbeiten und zunehmen für den Körper. 11. und 12. Runde: Eine Masche häkeln, die zweite verdoppeln usw. 13. Runde: Drei Maschen häkeln, die vierte verdoppeln usw. Nun 11 Runden in Weiß, eine Runde in Rosa und eine Runde in Weiß arbeiten.

Für die Ärmchen an den Händen beginnen: Drei Luftmaschen zum Ring schließen, sieben feste Maschen in die Mitte hineinhäkeln.

2. Runde: In jede Masche der Vorreihe eine Masche häkeln = 7 Maschen. Mit Weiß weiterarbeiten und zunehmen: Die ersten fünf Maschen verdoppeln, die beiden letzten einfach häkeln = 12 Maschen. Nun noch sechs Runden häkeln, wie die Maschen erscheinen.

Das Mützchen wird in Hin- und Rückreihen gehäkelt. Am Ende jeder Reihe mit einer Luftmasche wenden. 19 Luftmaschen häkeln, eine Reihe feste Maschen in Weiß, eine in Rosa und noch sechs Reihen in Weiß arbeiten.

Den Kopf prall, die Körperform mäßig ausstopfen. Die untere Öffnung flachdrücken und mit einer dicken Sticknadel ohne Spitze und weißer Wolle zunähen. Die Ärmchen ausstopfen und annähen. Mit einem weißen Wollfaden die Hände stramm abbinden.

Das Mützenteil in der Mitte knicken, die rückwärtige Kante zunähen. Quaste: Zehn rosa Wollfädchen in der Mitte mit zwei festen Schlingstichen bündeln und den Schlußfaden in den Mützenzipfel nach innen stechen und vernähen. Ein kleiner Tropfen Klebstoff hält die „Bommel" in Form.

Entlang der unteren Mützenkante einen weißen Wollfaden mit Vorstichen einziehen. Die Mütze aufsetzen und eine zierliche Schleife bilden. In die Fadenenden je einen festen Knoten binden.

Für das Gesicht einen langen Faden schwarzen Sticktwist einfädeln und doppelt legen. Zwei Augenbogen anbringen. Diese werden vorsichtig festgeklebt. Benutzen Sie unbedingt einen guten, tropffreien Klebstoff aus der Tube, um keinen Schaden zu haben. Mit roter Wolle Mund aufsticken.

Rosa Zierschleifchen auf dem Steckkissen anbringen. Rosa Wollfaden durch eine feste Masche ziehen und verknoten. Die Endfäden nicht zu knapp abschneiden.

Zwillinge

Material
Wolle (hell- und dunkelblau, gelb, rosa, rot, schwarz, braun)
Schere, Nadeln

Die Puppe wird vom Kopf beginnend bis zu den Schuhen in einem Stück gearbeitet. Ärmchen und Mütze werden getrennt gehäkelt und später befestigt. Man häkelt feste Maschen in Runden. Jede neue Runde beginnt mit einer Luftmasche und endet mit einer Kettmasche.
Mit rosa Wolle für das Gesicht drei Luftmaschen häkeln. In die erste, die unterste Masche einstechen und mit einer Kettmasche zum Ring schließen. Eine Luftmasche häkeln und sieben feste Maschen in die Mitte hineinhäkeln, mit einer Kettmasche schließen.
2. Runde: Jede Masche verdoppeln = 14 Maschen. 3. Runde: Eine Masche häkeln, die zweite verdoppeln usw. Nun fünf Runden häkeln, wie die Maschen erscheinen.
9. und 10. Runde, zum Hals verengen: Zwei Maschen häkeln, die dritte Masche überspringen (leerlassen) usw.
Vor dem Weiterarbeiten das Köpfchen ausstopfen.
Mit „Pulloverfarbe" weiterhäkeln und für den Körper zunehmen.
11. und 12. Runde: Eine Masche häkeln, die zweite Masche verdoppeln usw. 13. Runde: Drei Maschen häkeln, die vierte verdoppeln usw. Bitte nachzählen! Die 13. Runde sollte eine gerade Maschenzahl ergeben, um später die Beinchen gleichmäßig teilen zu können. Es sollten 30 Maschen sein. Bei ungerader Maschenzahl verdoppelt man einfach die letzte Masche und merkt sich die erreichte Maschenzahl.

Nun sieben Runden häkeln, wie die Maschen erscheinen. Dann die Hosenfarbe anlegen und noch weitere fünf Runden arbeiten.
Teilen für die Beinchen: 15 Maschen häkeln, in die erste, die Anfangsmasche einstechen und mit einer Kettmasche zur Runde schließen (erstes Beinchen).
Über diesen kleinen Kreis von 15 Maschen nun sieben Runden feste Maschen häkeln (Hosenbein), dann Kontrastfarbe für die Schuhe anlegen:
Zwei Runden häkeln, wie die Maschen erscheinen. 3. Runde: Zwei Maschen häkeln, die dritte Masche überspringen usw.
4. Runde: Immer in die zweite Masche einstechen, bis der Fuß geschlossen ist.
Körper und erstes Bein werden jetzt ausgestopft. Das zweite Bein wird genauso gearbeitet und während des Häkelns ausgestopft.
Die Arme in Rosa für das Händchen beginnen: Drei Luftmaschen zum Ring schließen. Eine Luftmasche, sechs feste Maschen in die Mitte hineinhäkeln, eine Kettmasche.
2. Runde: Jede Masche verdoppeln = 12 Maschen. 3. Runde: Eine Runde feste Maschen häkeln, wie sie erscheinen. Nun mit Pulloverfarbe weiterarbeiten: Noch sieben Runden für den Arm häkeln.
Die Mütze wird in Hin- und Rückreihen gearbeitet: 24 Luftmaschen häkeln und eine Reihe feste Maschen arbeiten (mit einer Luftmasche wenden). Die zweite Reihe mit Kontrastfarbe arbeiten, dann noch sieben Reihen in Pulloverfarbe häkeln. Das längliche Rechteck in der Mitte klappen und die hintere Kante zunähen.
Am unteren Mützenrand entlang eine

Lochreihe einhäkeln: Eine feste Masche in den Kantenrand hineinhäkeln, zwei Luftmaschen folgen, die entsprechende Strecke überspringen, wieder eine feste Masche in den Rand einhäkeln usw. Eine dünne Kordel mit der Kontrastfarbe drehen und einziehen.
Um eine Fingerkuppe herum mehrmals einen Wollfaden für die Quaste wickeln. Das Fadenende in eine dicke Nadel einfädeln. Mit zwei Schlingstichen die Wollschlaufen fest zusammenbündeln. Die Quaste am Mützenzipfel befestigen, dabei einfach nach innen stechen und den Faden im Inneren der Mütze vernähen.
Arme ausstopfen und annähen. Ein braunes Wollbüschel als Haare an der oberen Kopfmitte annähen und den Pony kürzen. Das Mützchen aufsetzen, zubinden und annähen. Augen und Mund aufsticken.

Zeichnung in Originalgröße zu Dickmamsellchen, Seite 12

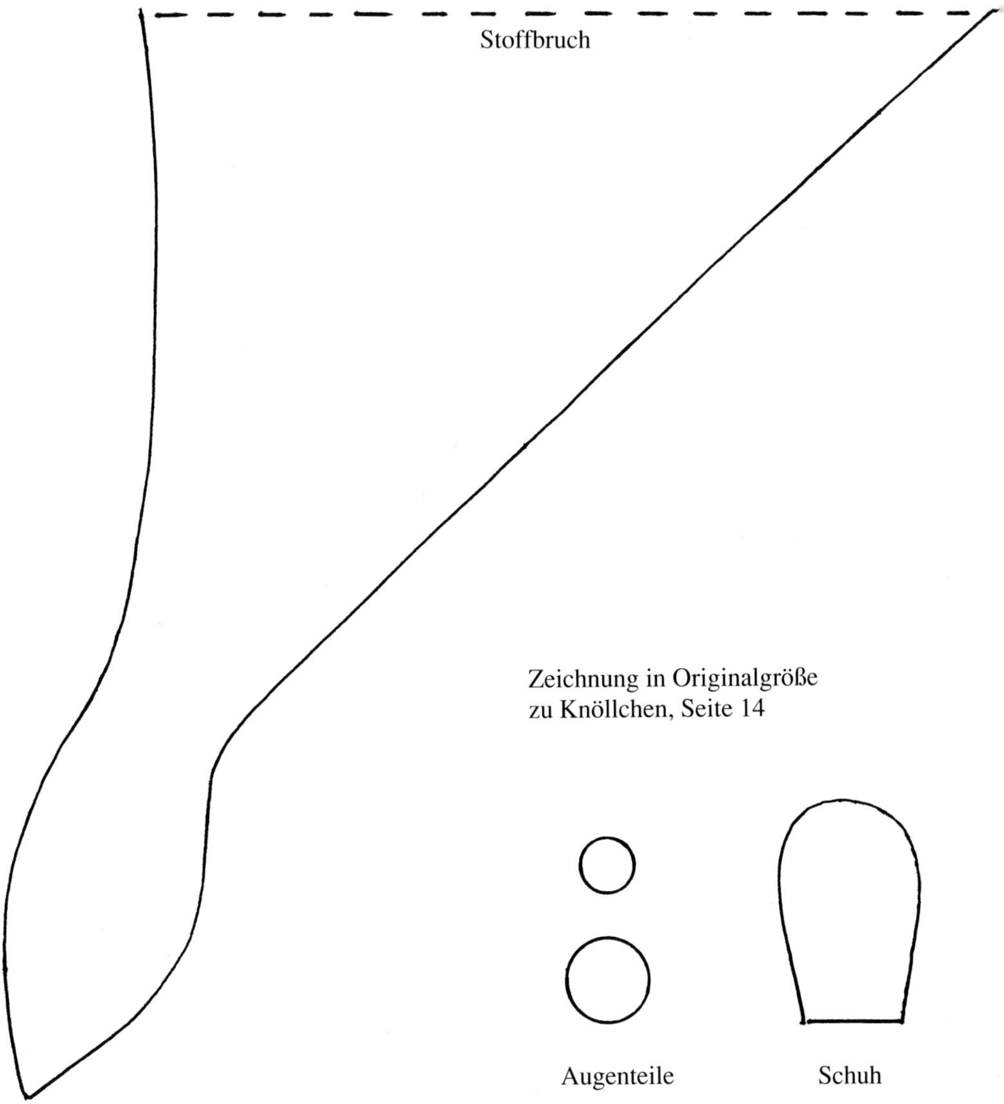

Zeichnung in Originalgröße
zu Knöllchen, Seite 14

Augenteile

Schuh

Mund